教科書のないよう

ページ

JN087484

教科書

きほん 1

# 春のうた
# あり
# 白いぼうし (1)

**1** ――の漢字の読みがなを書きましょう。 1つ6[42点]

(1) 信号を見る。
(2) 六月の初め。
(3) 速達で送る。

(4) 色が変わる。
(5) 休みの初日。

(6) 初雪がふる。
(7) 変身する。

**2** 次の言葉が表す様子に合うものを下からえらんで、――でむすびましょう。 1つ6[30点]

(1) つるつる ・　・ア 風がしずかにふく様子。
(2) そよそよ ・　・イ 軽くてうすい物がゆれ動く様子。
(3) じろじろ ・　・ウ みがいたようになめらかな様子。
(4) ひらひら ・　・エ うれしそうにわらう様子。
(5) にこにこ ・　・オ 遠りょなしにじっと見る様子。

**3** 次の生きものとにている音のくっている言葉を下からえらんで、――でむすびましょう。 1つ7[28点]

(1) あり ・　・ア そうかもね
(2) のみ ・　・イ ありこいない
(3) かも ・　・ウ ぎょっとするね
(4) 深海魚 ・　・エ みずをのみます

こたえは65ページ

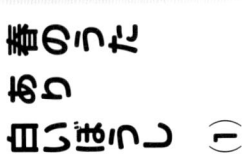

教科書 ⊕ 10～27ページ

春のうた
あり
白いぼうし （1）

月 日

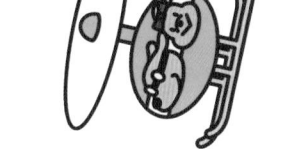

10分
/100点

**1** □にあてはまる漢字を書きましょう。 1つ10〔40点〕

(1) 赤 ［しんごう］

(2) ［はじ］めて見る。

(3) ［そくたつ］ がとどく。

(4) 形が ［か］わる。

**2** ——の言葉が表す気持ちを、ア～ウからえらんで、記ごうで答えましょう。 1つ10〔30点〕

(1) あれ、わたしのおかしがないぞ。 （ ）

(2) はあ、弟が食べてしまったんだな。 （ ）

(3) ほう、よく弟が食べたとわかったね。 （ ）

ア ふしぎに思う気持ち。

イ 感心する気持ち。

ウ なっとくする気持ち。

**3** □に共通してあてはまる言葉を、[____]からえらんで、（ ）に書きましょう。 1つ15〔30点〕

(1) でき□の料理。
　　もぎ□のくだもの。
　　　　　　　　　　（　　　　　）

(2) ほり□を歩く。
　　道□の草。
　　　　　　　　　　（　　　　　）

［ はた　たて ］

## きほん 2　目ひょうし　②

**1**　──の漢字の読みがなを書きましょう。　一つ6〔42点〕

(1) 運転席の横。　　（　　　）
(2) 菜の花　　（　　　）
(3) 実がおちる。　　（　　　）

(4) 花の香り。　　（　　　）
(5) 梅の実。　　（　　　）
(6) 野菜を食べる。　　（　　　）

(7) 入梅する。　　（　　　）

**2**　──の漢字の、二通りの読みがなを書きましょう。　一つ7〔28点〕

(1)
① 緑の多い町。　　（　　　）
② 緑茶を飲む。　　（　　　）

(2)
① 橋のたもと。　　（　　　）
② 歩道橋をわたる。　　（　　　）

**3**　次の言葉の意味を下からえらんで、──でむすびましょう。　一つ5〔30点〕

(1) たくし上げる　・
(2) そめつける　・
(3) こみあげる　・
(4) しんし　・
(5) すぼめる　・
(6) 目を丸くする　・

・ア　ちぢめて小さくする。
・イ　品があってれいぎ正しい男の人。
・ウ　そめて色やもようをつける。
・エ　すそなどを手でまくり上げる。
・オ　おどろいて目を見開く。
・カ　こぼれそうになりあふれてくる。

答えは65ページ

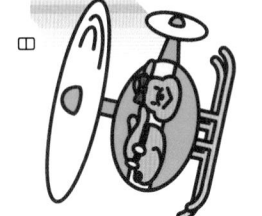

# かくにん 2

## 白いぼうし ②

月　日　　10分　　/100点

**1** □にあてはまる漢字を書きましょう。　１つ8〔48点〕

(1) バスの　[　うんてんせき　]。

(2) [　な　]の花畑

(3) みんなの　[　から　]に。

(4) よこ[　かお　]りがする。

(5) [　うめ　]ぼしを食べる。

(6) [　ちきゅう　]を育てる。

**2** ――の言葉を、漢字と送りがなで書きましょう。　１つ6〔24点〕

(1) 夏のあつい日。　　　　　　　　　（　　　　　　）

(2) 大通りを右にまがる。　　　　　　（　　　　　　）

(3) 車のドアをあける。　　　　　　　（　　　　　　）

(4) ほそい道を通る。　　　　　　　　（　　　　　　）

**3** （　）にあてはまる言葉をア〜エからえらんで、記号で答えましょう。
　１つ7〔28点〕

(1) まどの外のけしきが（　　　）変わる。

(2) 遠くの音が（　　　）聞こえる。

(3) 急いでいるので（　　　）歩く。

(4) ロープを（　　　）引っぱる。

ア　くっきり　　イ　みるみる

ウ　かすかに　　エ　せかせか

# 見つけよう、ぴったりの言葉
## 漢字の広場① 漢字の部首

**1** ──の漢字の読みがなを書きましょう。　1つ5〔60点〕

(1) 周りを見る。
(2) 順番を待つ。
(3) 関係がある。
(4) 目印をつける。
(5) 海水浴の客。
(6) 会に加入する。
(7) 努力する。
(8) 木の芽。
(9) 完成する。
(10) 富士山
(11) 英会話を習う。
(12) 研究に努める。

**2** （　）にあてはまる言葉をア〜ウからえらんで、記号で答えましょう。
(1) クラスがえがふあんで、（　　）する。　1つ8〔24点〕
(2) 遠足の日の朝、むねがすくすく（　　）する。
(3) 友達となかなおりしたので、心が（　　）軽くなった。

　　ア　うきうき　　　イ　ふわふわ　　　ウ　どきどき

**3** 次の漢字の部首の名前を[____]からえらんで、（　）に書き、その部首の意味を下からえらんで、──でむすびましょう。両方できて1つ8〔16点〕

(1) イ （　　　　　　）・　　・ア　植物に関係する。

(2) 艹 （　　　　　　）・　　・イ　人に関係する。

　　[　くさかんむり　　にんべん　]

答えは65ページ

かくにん **3**

# 見つけよう、ぴったりの言葉
# 漢字の広場① 漢字の部首

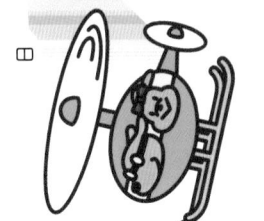

**1** □にあてはまる漢字を書きましょう。　1つ5〔40点〕

(1) 家の〔まわ〕□り。

(2) 〔じゅんばん〕□□を守る。

(3) 〔めじるし〕□□にする。

(4) 〔かいすいよく〕□□□に行く。

(5) 〔どりょく〕□□が実る。

(6) 種たねから〔め〕□が出る。

(7) プリントを〔かんそう〕□□する。

(8) 〔えいかいわ〕□□□の本。

**2** 次の部首の名前を（　）に書き、その部首のつく漢字を□に書きましょう。　1つ5〔60点〕

(1) 言　（　　　）　① 童□〔わ〕　② □〔しら〕べる

(2) 力　（　　　）　① □〔か〕エ　② □〔だす〕ける

(3) ⺾　（　　　）　① 〔ふで〕□箱　② 計□〔さん〕

(4) 心　（　　　）　① □〔かな〕し　② □〔かん〕じる

# 漢字の広場①
## 三年生で学んだ漢字①

1 ——の漢字の読みがなを書きましょう。

一つ4〔100点〕

(1) 汽笛を聞く。（　　　　　）

(2) 魚の放流。（　　　　　）

(3) 村の祭り。（　　　　　）

(4) 赤い消防車。（　　　　　）

(5) 深い川。（　　　　　）

(6) 旅人のすがた。（　　　　　）

(7) 羊のむれ。（　　　　　）

(8) 畑をたがやす。（　　　　　）

(9) 高い電柱。（　　　　　）

(10) 曲がり角（　　　　　）

(11) 石炭をほる。（　　　　　）

(12) 日本の農業。（　　　　　）

(13) 鉄橋をわたる。（　　　　　）

(14) 長い坂。（　　　　　）

(15) 港の船。（　　　　　）

(16) 湖のほとり。（　　　　　）

(17) 神社に行く。（　　　　　）

(18) 住所を書く。（　　　　　）

(19) 向かい風（　　　　　）

(20) 木の皮。（　　　　　）

(21) 太陽がのぼる。（　　　　　）

(22) 駅まで歩く。（　　　　　）

(23) 白い波。（　　　　　）

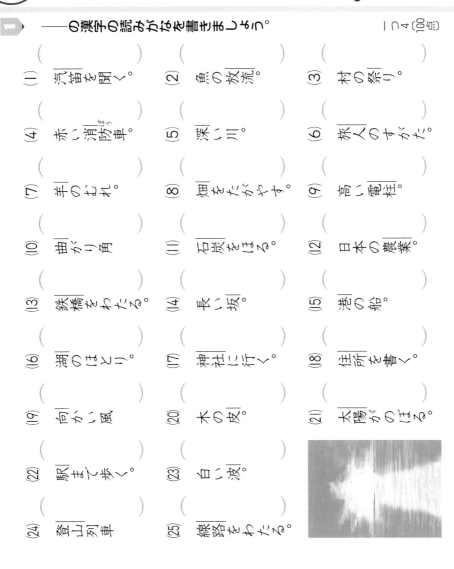

(24) 登山列車（　　　　　）

(25) 線路をわたる。（　　　　　）

# 漢字の広場① 三年生で学んだ漢字①

**1** □にあてはまる漢字を書きましょう。　一つ4〔100点〕

(1) 〔しま〕の〔みなと〕。

(2) 魚を川に〔ほうりゅう〕する。

(3) 木の〔み〕と〔は〕。

(4) 〔のうぎょう〕をいとなむ。

(5) 〔えき〕で休む〔たびびと〕。

(6) 〔せ〕に〔な〕か。

(7) 〔じんじゃ〕の〔まつり〕。

(8) 明るい〔たいよう〕。

(9) 船の〔せんちょう〕。

(10) 〔てんちゅう〕を立てる。

(11) 〔ふか〕い〔なぞ〕。

(12) 〔せろ〕がつづく。

(13) 〔しょう〕防車が走る。

(14) 〔さか〕の上の〔はたけ〕。

(15) 〔こくどう〕を通る。

(16) 家の〔じゅうしょ〕。

(17) 〔ひつじ〕の毛。

(18) 〔せきたん〕をもやす。

# きほん 5

## ぞうの重さを量る
## 花を見つける手がかり

**1** ——の漢字の読みがなを書きましょう。 1つ5〔55点〕

( )
(1) 重さを量る。

( )
(2) 方法を考える。

( )
(3) 最後に走る。

( )
(4) 約五百びき

( )
(5) 実験をする。

( )
(6) くわしく観察。

( )
(7) 四種類の花。

( )
(8) 列のお話。

( )
(9) 念のため。

( )
(10) 長さの単位。

( )
(11) 照明の明るさ。

**2** ——の言葉を、漢字と送りがなで書きましょう。 1つ5〔15点〕

(1) 色えんぴつをつかう。 ( )

(2) 川に魚をはなす。 ( )

(3) 友達のかわりに答える。 ( )

**3** ( )にあてはまる言葉を、 [ ] からえらんで書きましょう。 1つ10〔30点〕

(1) たくさんの人が ( ) 走り出した。

(2) 雨がふり出して ( ) ずぶぬれになった。

(3) 明日は ( ) 決勝戦だ。

┌─────────────────────────┐
│ いよいよ いっせいに たちまち │
└─────────────────────────┘

答えは66ページ

教科書 ⊕ 34～45ページ

月　日

10分

/100点

ぞうの重さを量る
花を見つける手がかり

**1** □にあてはまる漢字を書きましょう。　一つ9〔72点〕

(1) 体重を　□る。（はか）

(2) □□の授業。（やさい）

(3) □三キログラム（きく）

(4) 星を□□する。（かんさつ）

(5) 鳥の□□。（しゅるい）

(6) □の□□。（べつ／ほうほう）

(7) □のため調べる。（ねん）

**2** （　）にあてはまる言葉をア〜ウからえらんで、記号で答えましょう。
一つ7〔21点〕

(1) 明日の天気は晴れかな。（　）、雨かな。

(2) あたたかい日がつづいた。（　）、さくらが満開になった。

(3) たしかにそのとおりだ。（　）、他の意見も聞くべきだ。

　　ア　でも　　イ　それとも　　ウ　そして

**3** 「けつろん」をしめしている文をア〜エから一つえらんで、○をつけましょう。
〔7点〕

ア（　）どうやって、ちょうは花を見つけるのでしょうか。

イ（　）そこで、実験をして調べてみることにしました。

ウ（　）ちょうは、黄色であれば紙でも集まりました。

エ（　）ちょうは、色を手がかりにするということがわかりました。

# きほん 6

## 読書の広場①
## 分類をもとに本を見つけよう
## 言葉の広場① 漢字辞典の使い方 (1)

**1** ——の漢字の読みがなを書きましょう。　一つ8〔80点〕

(1) 自然科学の本。
(2) 日本の産業。
(3) 芸術の都。

(4) 漢字辞典を引く。
(5) 政治家になる。
(6) 文字の成り立ち。

(7) 音訓さくいん
(8) 直径をはかる。
(9) 前兆がある。

(10) との様と家臣。

**2** 次の日本十進分類法の一部を見て、あとの本の分類番号を書きましょう。　一つ5〔20点〕

| 484 | イカ・タコ・貝など | 489 | ほにゅう類 |
|---|---|---|---|
| 483 | クラゲ・ミミズなど | 488 | 鳥類 |
| 482 | 動物誌 | 487 | 魚・カエル・くじら など |
| 481 | 一般動物学 | 486 | こん虫類 |
| 480 | 動物 | 485 | エビ・カニ・クモなど |

(1) 『こん虫はかせになろう』（　　）
(2) 『金魚の飼い方・育て方』（　　）
(3) 『しあわせを運ぶツバメ』（　　）
(4) 『クラゲのふしぎ』（　　）

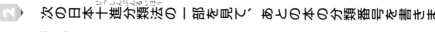

教科書 ㊤ 46〜53ページ

月　　日

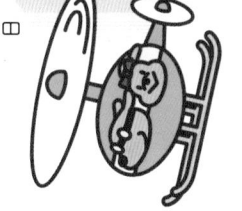

10分

/100点

読書の広場①
分類をもとに本を見つけよう
言葉の広場① 漢字辞典の使い方 （1）

**1** □にあてはまる漢字を書きましょう。　1つ8〔64点〕

(1) ［　　　］ 科学を学ぶ。
　　しぜん

(2) 地元の ［　　　］。
　　やくしょ

(3) 母は ［　　　］術家だ。
　　げいじゅつ

(4) 国語 ［　　　］。
　　じてん

(5) 政 ［　］ に関心がある。
　　じ

(6) ［　　　］を調べる。
　　おんくん

(7) 円の ［　　　］。
　　ちょっけい

(8) あらしの ［　　　］。
　　ぜんちょう

**2** 次の漢字の正しい筆順のほうに、○をつけましょう。　1つ9〔18点〕

(1)
　ア（　）　一 ナ 万 成 成 成
　イ（　）　ノ 厂 万 成 成 成

(2)
　ア（　）　一 厂 厂 厏 臣 臣 臣
　イ（　）　一 厂 厂 厏 臣 臣 臣

**3** 次のときに使うさくいんを下からえらんで、——でむすびましょう。

　1つ6〔18点〕

(1) 部首がわかるとき　・　　・ア 総画さくいん

(2) 読み方がわかるとき　・　　・イ 部首さくいん

(3) 部首も読み方もわからないとき　・　　・ウ 音訓さくいん

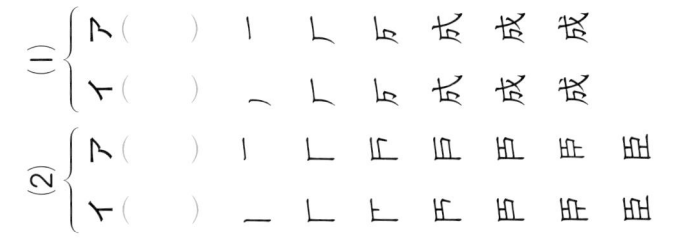

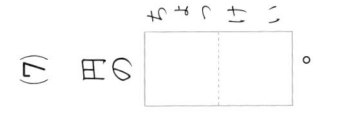

言葉の広場①
漢字辞典の使い方　②
メモの取り方のくふう

10分
／100点

**1** ──の漢字の読みがなを書きましょう。 一つ5〔60点〕

(1) 城下町（　　　）

(2) 奈落に落ちる。（　　　）

(3) 塩田が広がる。（　　　）

(4) 兄が帰省する。（　　　）

(5) 文章読本（　　　）

(6) ルールを刷新する。（　　　）

(7) 良薬は苦い。（　　　）

(8) かわいい孫。（　　　）

(9) 愛らしい犬。（　　　）

(10) 必要なもの。（　　　）

(11) 友達と話す。（　　　）

(12) 海は塩からい。（　　　）

**2** ──の漢字の、二通りの読みがなを書きましょう。 一つ4〔16点〕

(1)
① 王国を治める。（　　　）
② けがが治る。（　　　）

(2)
① むだを省く。（　　　）
② 文部科学省の仕事。（　　　）

**3** 次の漢字の部首の名前をひらがなで（　）に書き、総画数を□に漢数字で書きましょう。 一つ4〔24点〕

(1) 読（　　　）□画

(2) 部（　　　）□画

(3) 富（　　　）□画

かくにん **7**

## 言葉の広場①　漢字辞典の使い方 (2)　メモの取り方のくふう

**1** □にあてはまる漢字を書きましょう。　1つ7〔70点〕

(1) じょうかまち〔城下町〕を歩く。

(2) なら の たい。

(3) 海辺の えんてん 。

(4) こなに きせい する。

(5) 委員を せんしゅつ する。

(6) けうけ を手に入れる。

(7) まわり が遊びに来る。

(8) あい をこめて歌う。

(9) ひつよう な道具。

(10) 説明を はぶ く。

**2** 次は、メモを取るときに注意することです。( )にあてはまる言葉を、□からえらんで書きましょう。　1つ10〔30点〕

(1) (　　　　　　)にしたり数字を使ったりして、内容のまとまりを考えながら書く。

(2) 「。」や「、」などの(　　　　　　)を使ってもよい。

(3) わからないことは(　　　　　　)は、かなで。

---

| かじょう書き | 大事なことば | 記号 | 色 |

きほん **8**

アンケートちょうさをして
いろいろな手紙

数科書 上 58～65ページ

月　日　／100点　10分

① ——の漢字の読みがなを書きましょう。 1つ7点[70点]

(1) 意味が伝わる （　　　）
(2) 課題を見つける （　　　）
(3) 有害なガス （　　　）
(4) 機械が動く （　　　）
(5) 紙を折る （　　　）
(6) 説明を聞く （　　　）
(7) ペンを持参する （　　　）
(8) 伝言ゲーム （　　　）
(9) 道を右折する （　　　）
(10) お客さま （　　　）

② ——の部分を、「です」「ます」を使い、人などに聞いたときに使う表し方に直して書きましょう。 1つ7点[14点]

(1) 明日は晴れる。 （　　　　　）
(2) いぬがほえている。 （　　　　　）

③ おがいの電子メールを書く順に、ア～エをならべかえましょう。 全部で[16点]

ア 自分の名前
イ 本文（つたえたいこと）
ウ 相手の名前やおねがいした理由など）
エ 初めのあいさつ

（　　）←（　　）←（　　）←（　　）

**かくにん 8**

# リーフレットで知らせよう
# いろいろな手紙

教科書 ⊕ 58〜65ページ　　月　日　　10分　／100点

---

**1** □にあてはまる漢字を書きましょう。　1つ8〔40点〕

(1) 心が[　]（つた）わる手紙。

(2) [　][　]（ゆう が）ながみ。

(3) 答（こた）えを[　]（お）る。

(4) 理由を[　][　]（せつ めい）する。

(5) 弁（べん）当[　][　]（じ かん）のこと。

---

**2** □にあてはまる、同じ読みがなの漢字を書きましょう。　1つ9〔36点〕

(1)
① [　]（か）題の解（かい）決。
② 百[　]（か）事典。

(2)
① 自動車工場の[　][　]（き かい）。
② [　][　]（き かい）をのがさない。

---

**3** ——の言葉を、「です」「ます」を使ったていねいな言い方に直して書きましょう。　1つ8〔24点〕

(1) あの建（たて）物が<u>駅だ</u>。　（　　　　　　　　　）

(2) 楽しい気持ちに<u>なる</u>。　（　　　　　　　　　）

(3) まもなく雨が<u>ふる</u>。　（　　　　　　　　　）

# きほん 9　言葉の文化①　短歌の世界

**1** ──の漢字の読みがなを書きましょう。　一つ7[70点]

(1) 衣服を買う。
(2) さびしい風景。
(3) 美しい景色。

(4) 海辺の小屋。
(5) 千年以上も昔。
(6) 周辺をさがす。

(7) 辺りを見回す。
(8) 自然を歌によむ。

(9) 秋の初め。
(10) 順にならべる。

**2** ──の言葉の意味をア〜エからえらんで、記号で答えましょう。　一つ5[20点]

(1) 赤ちゃんのかわいらしさがひきたつ服。　（　）
(2) その選手のシュートは神のごとし。　（　）
(3) ふわふわと水中をただようクラゲ。　（　）
(4) 満月が暗い空にさやかにかがやいている。　（　）

ア　はっきりとしている様子。
イ　空や水にうかんで、ゆれ動く。
ウ　きわだって見える。
エ　……のようである。

**3** 短歌の説明になるように、（　）に漢数字を書きましょう。
全部できて[10点]

短歌は（　）・七・（　）・（　）・（　）の
音（おん）からできている。

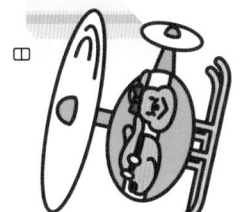

# 言葉の文化① 短歌の世界

**1** □にあてはまる漢字を書きましょう。　1つ8〔40点〕

(1) こ・ふく　□□を着る。

(2) ふう・けい　□□画をかく。

(3) け・しき　□□をながめる。

(4) う・み　□□の町。

(5) 五分　こ・じ　□□かる。

**2** □にあてはまる漢字を書きましょう。　1つ10〔40点〕

(1)
① 書き　□□す。（う・つ）
② し・せい　□□をとる。

(2)
① ひ・め　□□が上がる。
② か・な　□□し話。

**3** ——の言葉の使い方が正しいほうに、○をつけましょう。　1つ5〔20点〕

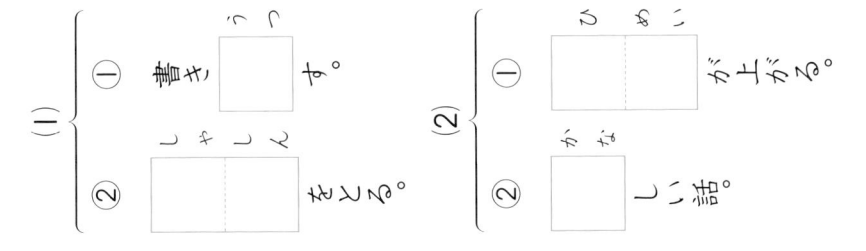

(1)
ア（　）庭のあざやかが赤い花が目に入る。
イ（　）晴れてきた空があざやかにすむ。

(2)
ア（　）そまつではあるがおいしい食事だった。
イ（　）高級なぬので作ったそまつなふくを着る。

(3)
ア（　）明日の遠足が楽しみで、心がしみじみとする。
イ（　）静かな音楽に心がしみじみとする。

(4)
ア（　）歩いたほうがかえって早く着く。
イ（　）その店の目玉商品はかえって売り切れだ。

5教科書(上)72〜73ページ　　月　日　　10分　　/100点

# きほん10　漢字の広場② 漢字の音を表す部分

**1** ──の漢字の読みがなを書きましょう。　1つ5〔70点〕

(1) ご飯の時間。
(2) 案を練る。
(3) 小学校の児童。
(4) 貨物列車
(5) 十才未満。
(6) 命令を出す。
(7) 冷静になる。
(8) けい察官の父。
(9) 約束を守る。
(10) 各地の産業。
(11) にぎり飯
(12) しおが満ちる。
(13) 静かな秋の夜。
(14) バラの花束。

**2** ──の漢字の、三通りの読みがなを書きましょう。　1つ4〔12点〕

(1) 冷たい飲み物。
(2) 体が冷える。
(3) お茶が冷める。

**3** （　）に漢字の音を表す部分を書きましょう。　1つ3〔18点〕

(1) 放（　）
(2) 理（　）
(3) 花（　）
(4) 時（　）
(5) 飯（　）
(6) 横（　）

21 ─教出版・国語4年

答え67ページ

/100点

10分

**2** 音を表す部分が同じ漢字を、□からえらんで、（　）に書きましょう。〔1つ5点・30点〕

| 油 | 頭 | 究 | 洋 | 草 | 週 |

(5) 羊（　　）
(3) 由（　　）
(1) 丸（　　）

(6) 豆（　　）
(4) 周（　　）
(2) 早（　　）

**1** □にあてはまる漢字を書きましょう。〔1つ7点・70点〕

(9) 友達と□□
（やくそく）

(7) □□
（なかまいり）

(5) 五才□□
（みまん）

(3) □□館で遊ぶ。
（じどう）

(1) □□を食べる。
（ごはん）

(10) □□する。
（かいてん）

(8) □□になる。
（さかみち）

(6) □□にしたがう。
（めいれい）

(4) □□を積む。
（かもつ）

(2) □□が出る。
（おかん）

□□のお祭り。
（まち）

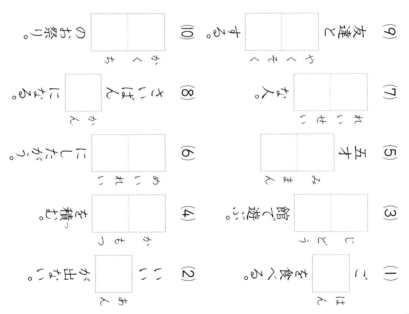

## きほん 11

# 漢字の広場 ②
## 都道府県名に用いる漢字　(1)

**1**　——の漢字の読みがなを書きましょう。　一つ4〔52点〕

( )　(1) 都道府県
( )　(2) 宮城県
( )　(3) 茨城県

( )　(4) 栃木県
( )　(5) 群馬県
( )　(6) 埼玉県

( )　(7) 神奈川県
( )　(8) 新潟県
( )　(9) 富山県

( )　(10) 福井県
( )　(11) 山梨県

( )　(12) 岐阜県
( )　(13) 静岡県

**2**　——の漢字の、二通りの読みがなを書きましょう。　一つ5〔20点〕

(1)
　( )
　① 小魚が群れる。
　( )
　② ありが群がる。

(2)
　( )
　① 話題が豊富だ。
　( )
　② 一代で富をきずく。

**3**　次の漢字の総画数を、数字で書きましょう。　一つ7〔28点〕

(1) 栃 …… [　] 画
(2) 埼 …… [　] 画
(3) 潟 …… [　] 画
(4) 阜 …… [　] 画

教科書 ⊕ 74〜75ページ　月　日　10分　／100点

# 漢字の広場②
## 都道府県名に用いる漢字　(1)

**1** □にあてはまる漢字を書きましょう。 1つ7〔84点〕

(1) みやぎ 　　　県の名産品。

(2) いばらき 　　県の海岸。

(3) とちぎ 　　　県にある牧場。

(4) ぐんま 　　　県の温せん。

(5) さいたま 　　県の都市。

(6) かながわ 　　県の観光地。

(7) にいがた 　　県のスキー場。

(8) とやま 　　　県のダム。

(9) ふくい 　　　県にある寺。

(10) やまなし 　　県産のぶどう。

(11) ぎふ 　　　　県の川。

(12) しずおか 　　県産のお茶。

**2** ［　］の漢字を組み合わせて、二つの都道府県名を作りましょう。 1つ8〔16点〕

田　海　道　県　北　秋

## 漢字の広場②
## 都道府県名に用いる漢字　②

**1** ——の漢字の読みがなを書きましょう。　1つ4〔52点〕

( 　　　　　)　　( 　　　　　)　　( 　　　　　)
(1) 滋賀県　　(2) 大阪府　　(3) 兵庫県

( 　　　　　)　　( 　　　　　)　　( 　　　　　)
(4) 奈良県　　(5) 鳥取県　　(6) 徳島県

( 　　　　　)　　( 　　　　　)　　( 　　　　　)
(7) 愛媛県　　(8) 佐賀県　　(9) 長崎県

( 　　　　　)　　( 　　　　　)
(10) 熊本県　　(11) 大分県

( 　　　　　)　　( 　　　　　)
(12) 鹿児島県　　(13) 沖縄県

**2** 次の漢字の部首の名前をひらがなで（　）に書き、総画数を□に数字で書きましょう。　1つ6〔48点〕

(1) 阪 （ 　　　　　） ・ □画

(2) 媛 （ 　　　　　） ・ □画

(3) 熊 （ 　　　　　） ・ □画

(4) 沖 （ 　　　　　） ・ □画

答えは67ページ

# 漢字の広場②
## 都道府県名に用いる漢字 ②

**1** □にあてはまる漢字を書きましょう。　　　　　　　　１つ７〔91点〕

(1) ［し が］県にある湖。

(2) ［おおさか ふ］の人口。

(3) ［ひめじ］県にある城。

(4) ［なら］県にある大仏。

(5) ［とっとり］県の砂丘。

(6) ［とくしま］県の祭り。

(7) ［えひめ］県産のみかん。

(8) ［さ が］県の名所。

(9) ［ながさき］県のカステラ。

(10) ［くまもと］県のマスコット。

(11) ［おおいた］県の鉄道。

(12) ［かごしま］県産の大根。

(13) ［おきなわ］県の海で泳ぐ。

**2** 都道府県名を一つ漢字にして、文を作りましょう。　　〔9点〕

〈れい〉 長野県には、たくさんのスキー場がある。

月　日

10分

/100点

# 漢字の広場②
# 三年生で学んだ漢字②

**1** ——の漢字の読みがなを書きましょう。　1つ4[100点]

(1) 病院に行く。
(2) 両親の顔。
(3) 左手の指。

(4) 苦味を感じる。
(5) 救急車が通る。
(6) 安心する。

(7) 家族の写真。
(8) ビルの三階。
(9) 大切な命。

(10) 相談を受ける。
(11) 待合室の中。
(12) 身体けんさ。

(13) 氷がとける。
(14) 車の運転手。
(15) 受けつけの係。

(16) 体の具合。
(17) 台に横たわる。
(18) 水泳の選手。

(19) 外国の詩集。
(20) 面会に行く。
(21) 医者の説明。

(22) 鼻血を流す。
(23) 薬を飲む。

(24) 天気が悪い。
(25) 本の申しこみ。

答えは68ページ

# 漢字の広場②
## 三年生で学んだ漢字②

教科書①76ページ　　月　日

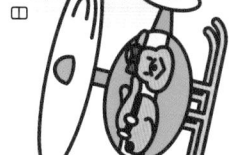

10分　／100点

---

**1**  □にあてはまる漢字を書きましょう。　　1つ5〔100点〕

(1) 〔ぐあい〕が悪い。

(2) 〔さら〕をあらう。

(3) 〔すいえい〕の〔こうえん〕。

(4) 静かに〔とおる〕。

(5) 〔かぞく〕ですごす。

(6) 先生に〔そうだん〕する。

(7) 〔にがみ〕のある〔くすり〕。

(8) 〔つぎ〕の人。

(9) バスの〔うんてんしゅ〕。

(10) 〔はなぢ〕が出る。

(11) 駅の〔まちあいしつ〕。

(12) 〔いのち〕を守る。

(13) 救〔きゅうしゃ〕をよぶ。

(14) 〔にかい〕の部屋。

(15) 〔しんぶん〕を読む。

(16) 〔しんだい〕けんの日。

(17) 大きな〔びょういん〕。

(18) 〔ともだち〕と話す。

きほん **14**

## 落語　ぞろぞろ

10分　/100点

**1** ——の漢字の読みがなを書きましょう。　1つ4〔44点〕

(1) 江戸時代の末。
(2) 話の結末。
(3) 皿を置く。

(4) 売れ残る。
(5) 失礼なこと。
(6) 本を借りる。

(7) くつひもを結ぶ。
(8) いすの配置。
(9) 山の残雪。

(10) 気を失う。
(11) お参りする。

**2** ——の言葉の意味を下からえらんで、——で結びましょう。　1つ9〔36点〕

(1) お店のあるじ ・　　・ア どんどん変わっていく。
(2) さびれた店 ・　　・イ 持ち主。主人。
(3) みょうな話 ・　　・ウ にぎやかさがない。
(4) てきめん ・　　・エ 結果がすぐにはっきり出る。

**3** （　）にあてはまる言葉をア〜エからえらんで、記号で答えましょう。

1つ5〔20点〕

(1) 雨が（　　）ふってきた。
(2) 何か（　　）にうつっている。
(3) 公園を（　　）散歩する。
(4) ゆかがぬれて（　　）すべる。

ア ぽつぽつ　　イ ぶらぶら
ウ つるつる　　エ ぼんやり

答えは68ページ

# がくにん 14

月　日

10分

/100点

## 落語　ぞろぞろ

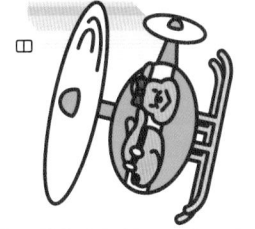

**1** □にあてはまる漢字を書きましょう。　1つ5〔30点〕

(1) 今月の[すえ]。

(2) 悲しい[けしき]。

(3) 花びんを[お]く。

(4) [のこ]る言葉。

(5) [しつれい]な態度。

(6) 人の手を[か]りる。

**2** ——の言葉を、漢字と送りがなで書きましょう。　1つ6〔30点〕

(1) 天気が<u>かわる</u>。　（　　　　　　　）

(2) 形をきれいに<u>ととのえる</u>。　（　　　　　　　）

(3) <u>あたり</u>を見回す。　（　　　　　　　）

(4) 神社く<u>おまいり</u>する。　（　　　　　　　）

(5) 落語が<u>はじまる</u>。　（　　　　　　　）

**3** 次の言葉につづくものを下からえらんで、——でむすびましょう。

1つ8〔40点〕

(1) お化けでも出そうで、気味が・　　・ア　さわる。

(2) 雨にぬれて、かぜを・　　・イ　かける。

(3) 弟にも負けて、くやしくて・　　・ウ　悪い。

(4) 雨が少ないので、道が・　　・エ　こじらせる。

(5) ？にさわって・　　・オ　ぬかる。

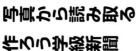

きほん **15**

# 写真から読み取る
# 作ろう学級新聞

⏱10分

／100点

**1** ——の漢字の読みがなを書きましょう。

1つ10〔60点〕

(1) 季節のたより。（　　　　）

(2) 効果的に使う。（　　　　）

(3) 給食の時間。（　　　　）

(4) 栄養士になる。（　　　　）

(5) かつお節（　　　　）

(6) 注目の的。（　　　　）

**2** 次の文を〈れい〉のように〈　〉の言葉を使って、「まるで…ように。」の文に書きかえましょう。

1つ8〔16点〕

〈れい〉　このおせんべいはかたい。〈石〉
　　　　→このおせんべいはまるで石のようにかたい。

(1)　姉の声は美しい。〈うぐいす〉

（　　　　　　　　　　　　　　　　　　　　　　　）

(2)　母の手は冷たい。〈氷〉

（　　　　　　　　　　　　　　　　　　　　　　　）

**3** 次の説明にあてはまる言葉をア〜エからえらんで、記号で答えましょう。

1つ6〔24点〕

(1)　いちばん目立たせたい記事。（　　　）

(2)　二つ以上の数や量を直線や曲線で表したもの。（　　　）

(3)　記事・写真・図などの大きさや場所を決めること。（　　　）

(4)　ひとめで内ようがわかるようにまとめた、短い言葉。（　　　）

ア　見出し　イ　わりつけ　ウ　グラフ　エ　トップ記事

教科書 ⊕98〜105ページ

月　日

10分

/100点

## 写真から読み取る
## 作ろう学級新聞

**1** □にあてはまる漢字を書きましょう。 一つ10〔40点〕

(1) ［きせつ］□□が変わる。

(2) 効〔こう〕［かき］□□な方法。

(3) おしろの［ちゅうしょく］□□。

(4) ［えいよう］□□士の仕事。

**2** □には同じ漢字が入ります。□に書きましょう。 〔10点〕

□置を考える。

用紙を□る。

**3** ――の言葉を、漢字と送りがなで書きましょう。 一つ10〔40点〕

(1) 朝、公園の まわりを 走る。 （　　　　　　）

(2) 重要な役目を はたす。 （　　　　　　）

(3) 港町が漁業〔ぎょぎょう〕で さかえる。 （　　　　　　）

(4) 家族五人を やしなう。 （　　　　　　）

**4** 新聞を作って発表するときの進め方の順に、ア〜エをならくかえましょう。 全部できて〔10点〕

ア みんなで、自分たちで作った新聞を読み合う。

イ 知らせたいことを決め、しりょうを集めたりアンケートをとったりして調べる。

ウ 記事を下書きしたものを読み返し、せいりします。

エ 記事のわりつけを考える。

（　　　）→（　　　）→（　　　）→（　　　）

# 漢字の広場③　送りがなのつけ方

## 1 ──の漢字の読みがなを書きましょう。

1つ4〔56点〕

| | | |
|---|---|---|
| (1) 両親が老いる。 | (2) 土が固まる。 | (3) 工場で働く。 |
| (4) 係を希望する。 | (5) 説を唱える。 | (6) れつを挙げる。 |
| (7) 漢字を覚える。 | (8) 目が覚める。 | (9) 老人を助ける。 |
| (10) 台を固定する。 | (11) 労働時間 | (12) 平和を望む。 |
| (13) 合唱する。 | (14) 挙手する。 | |

## 2 ──の漢字の、四通りの読みがなを書きましょう。

1つ5〔20点〕

| | |
|---|---|
| (1) けがを治す。 | (2) せきが治まる。 |
| (3) おにを退治 | (4) 病気の治りましょう。 |

## 3 （　）に送りがなを書きましょう。

1つ4〔24点〕

(1) 休む ┤ ① 休（　　）ない
　　　　　② 休（　　）ます
　　　　　③ 休（　　）だ

(2) 読む ┤ ① 読（　　）ました
　　　　　② 読（　　）う
　　　　　③ 読（　　）だ

教科書⊕106〜107ページ　　月　日

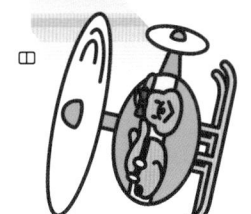

10分　／100点

# 漢字の広場③　送りがなのつけ方

**1** □にあてはまる漢字を書きましょう。　1つ8〔64点〕

(1) 年□（お）いた父。

(2) 一つに□（かた）まる。

(3) 一日中□（はたら）く。

(4) □□（きぼう）をもつ。

(5) じゅ文を□（とな）える。

(6) 手を□（あ）げて答える。

(7) 熟語を□（おぼ）える。

(8) ゆめから□（さ）める。

**2** ——の言葉を、送りがなに注意して〔　〕の言い方に直して書きましょう。　1つ9〔36点〕

(1) ライトで照らす。〔ていねいな言い方〕

（　　　　　）

(2) お茶を飲む。〔打ち消す言い方〕

（　　　　　）

(3) 宿題が終わる。〔動作がすんだ言い方〕

（　　　　　）

(4) 好きな服を着る。〔ていねいで、動作がすんだ言い方〕

（　　　　　）

# 漢字の広場③
# 三年生で学んだ漢字③

1 ──の漢字の読みがなを書きましょう。

一つ4（100点）

(1) みんなの意見。

(2) 新しい筆箱。

(3) 家で勉強する。

(4) 昭和のくらし。

(5) 物語の終わり。

(6) 宿題が多い。

(7) 漢字で書く。

(8) 写真をとる。

(9) 九九を暗唱する。

(10) 一年の始まり。

(11) 予定表を作る。

(12) 黒板に書く。

(13) 去年の夏。

(14) 倍の長さ。

(15) 世界地図を見る。

(16) 大きな都市。

(17) 返事をもらう。

(18) 三秒だけ待つ。

(19) 他教科の本。

(20) 九州に行く。

(21) 問いに答える。

(22) 起立して歌う。

(23) 短い期間。

(24) 理由を話す。

(25) 学級で話し合う。

教科書 ① 108ページ

月　日

10分

／100点

# 漢字の広場③
# 三年生で学んだ漢字③

**1** □にあてはまる漢字を書きましょう。　1つ5〔100点〕

(1) 〔ふでばこ〕□に入れる。

(2) 漢字〔れんしゅうちょう〕□□

(3) 〔ぶんしょう〕□を書く。

(4) 〔せかいちず〕□□□□

(5) 〔しょうわ〕□の時代

(6) 古い〔しゃしん〕□□

(7) 国語の〔しゅくだい〕□□。

(8) 〔だいすうがく〕□□□のノート。

(9) 一年の〔さかん〕□□。

(10) 二〔はこ〕□の〔びょう〕□の数。

(11) 手紙の〔くじ〕□□

(12) 〔はじ〕□まりと〔お〕□わり。

(13) 英語の〔くぎょう〕□□。

(14) 旅の〔よていひょう〕□□□。

(15) 〔さいしょ〕□□して話す。

(16) 〔いけん〕□□を言う。

(17) 詩を〔あんしょう〕□□する。

(18) 〔こくばん〕□□をつくる。

きほん **18**

10分　/100点

# 一つの花
## 言葉の広場② 修飾語

**1** ——の漢字の読みがなを書きましょう。　1つ5〔80点〕

(1) はげしい戦争。（　　）
(2) 飛行機を見る。（　　）
(3) とんぼが飛ぶ。（　　）

(4) 次々に焼く。（　　）
(5) 包帯をまく。（　　）
(6) 泣き顔を見せる。（　　）

(7) 勇ましい歌。（　　）
(8) 軍歌を聞く。（　　）
(9) 兵隊になる。（　　）

(10) 一輪の花。（　　）
(11) てのひらに包む。（　　）
(12) 大きな旗。（　　）

(13) 運動会の旗手。（　　）
(14) 牧場を走る。（　　）
(15) 勇気を出す。（　　）

(16) 輪投げで遊ぶ。（　　）

**2** （　）にあてはまる言葉を、□□□からえらんで書きましょう。

1つ5〔20点〕

(1) まいごの女の子は、（　　　　　）泣きだしてしまった。

(2) 春風がふいて、（　　　　　）ぽかぽかとあたたかだろう。

(3) 姉は（　　　　　）小さな子どものように泣いた。

(4) かれ犬のコロは（　　　　　）どこく消えたのだろう。

> まるで　　やがて　　とうとう　　どうして

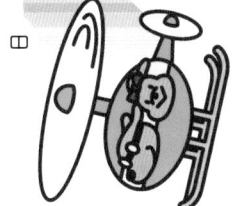

**かくにん 18**

**一つの花**
**言葉の広場② 修飾語（しゅうしょくご）**

**1** □にあてはまる漢字を書きましょう。　一つ8〔64点〕

(1) ［せんそう］が終わる。

(2) ［ひこうき］に乗る。

(3) 魚を［や〈か〉］く。

(4) ［ほうたい］と薬。

(5) 子どもの［な］き顔。

(6) ［ねんど］の人形。

(7) ［いちりん］のべつ。

(8) ［はた］をうる。

**2** ——の言葉は、どの言葉をくわしくしていますか。文の中からえらんで、（　）に書きましょう。　一つ6〔12点〕

(1) きれいな部屋は気持ちがいい。　（　　　　　　）

(2) きれいに部屋をかたづける。　（　　　　　　）

**3** （　）にあてはまる言葉を、□からえらんで書きましょう。　一つ6〔24点〕

(1) 先生は（　　　［どんな］　　　）てえを（　　　［どのように］　　　）わらう。

> ほがらかに　こまかに　きれいに

(2) 母は（　［どんな］　）（　［何を］　）パンをやいた。

> おいしい　おいしい　ケーキを

きほん **19**

**10分　/100点**

# 作ろう！「ショートショート」
# 言葉の文化② 「月」のつく言葉

**1** ──の漢字の読みがなを書きましょう。　一つ9[45点]

(1) 不思議な物語。　　(2) 博物館に行く。　　(3) 月の満ち欠け。

(4) 不気味な空もよう。　　(5) 出欠をとる。

**2** ──の漢字の、二通りの読みがなを書きましょう。　一つ5[20点]

(1)
　① 使い方を説明する。
　② えんぴつを使用する。

(2)
　① 自由に考えをのべる。
　② 自ら進んで取り組む。

**3** 物語を書くときに関係のある、次の言葉の意味を下からえらんで、──で結びましょう。　一つ5[15点]

(1) 設定　　・　　・ア　しめくくりの部分。

(2) てんかい　・　　・イ　登場人物や場所、時間など。

(3) 結末　　・　　・ウ　物語をくり広げること。

**4** 次の絵の月を表す言葉をア〜エからえらんで、記号で答えましょう。　一つ5[20点]

(1) (　) 　(2) (　) 　(3) (　) 　(4) (　)

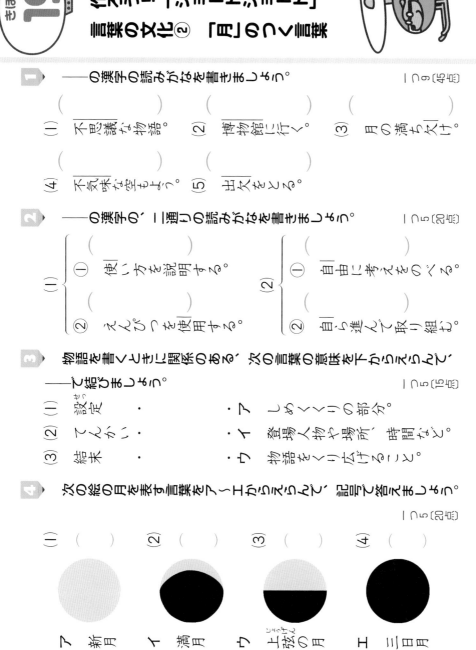

ア 新月　　イ 満月　　ウ 上弦の月　　エ 三日月

答えは69ページ

かくにん19

言葉の文化② 「月」
作文・ローマ字「ジェットコースター」
言葉のたから箱

教科書 上126〜133ページ

月　日

10分
／100点

**1** □にあてはまる漢字を書きましょう。 1つ8〔24点〕

(1) □□ の光景。
（きしゃ）

(2) □□□ のてんかん。
（はつめいか）

(3) コップの □ がかける。
（ふち）

**2** 次の文の中からまちがって使われている漢字一字に――線を引き、下に正しい漢字一字を書きましょう。 1つ10〔40点〕

(1) 近くで、鹿を見たのは始めてだ。 □

(2) 物語の登場人物して、鹿の足あとに注目する。 □

(3) 君は意外と足が早いんだね。 □

(4) なるべく回話を多く取り入れる。 □

**3** 次の言葉の意味をア〜エからえらんで、記号で答えましょう。 1つ9〔36点〕

(1) 明月　　（　　）
(2) 中秋の名月　　（　　）
(3) おぼろ月　　（　　）
(4) 有明の月　　（　　）

ア お月見のときに見える秋の夜の月。

イ ぼんやりとかすんで見える春の夜の月。

ウ 明けがた、空に残って見える月。

エ 昔のこよみで八月十五日の夜の月。

月　日

10分

/100点

こんきつね
読書の広場③ 「読書発表会」をしよう
言葉の広場③
言葉が表す感じ、言葉から受ける感じ

1 ──の漢字の読みがなを書きましょう。 一つ6〔66点〕

(1) ほり散らす。

(2) 雨がふり続く。

(3) 松だけをとる。

(4) 道のかた側。

(5) ありの巣あな。

(6) 関連がある。

(7) 本の記録。

(8) 料理の仕方。

(9) 島に上陸する。

(10) 友人を連れる。 (11) 南極大陸

2 次の二つの言葉を組み合わせた言葉を書きましょう。 一つ6〔18点〕

(1) 持つ＋上げる　　　（　　　　　）

(2) とぶ＋出す　　　（　　　　　）

(3) むしる＋取る　　　（　　　　　）

3 次の言葉の意味をア〜ウからえらんで、○をつけましょう。 一つ8〔16点〕

(1) じれったい
ア（　）自分の考えが聞き入れられず、つまらない気持ち。
イ（　）思うように進まないで、いらいらする気持ち。
ウ（　）思ったとおりに進んで、うれしい気持ち。

(2) しおれる
ア（　）自分より他人のことを考えて、えんりょする。
イ（　）不満な気持ちがあって、はんこうする。
ウ（　）気持ちが落ちこんで、しょんぼりする。

# かくにん 20

月　　日

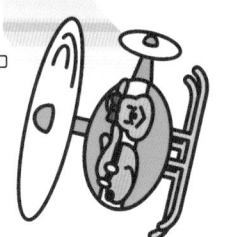

10分

だんきつね
読書の広場③　「読書発表会」をしよう
言葉の広場③
言葉が表す感じ、言葉から受ける感じ

/100点

**1** □にあてはまる漢字を書きましょう。 一つ10〔80点〕

(1) 紙を□らす。

(2) 雪がふり□く。

(3) 鳥の□。

(4) □□したニュース。

(5) 成長の□□。

(6) □□を作る。

(7) 岸に□□する。

(8) □□をだんけんする。

**2** ( )にあてはまる言葉を、□からえらんで書きましょう。一つ5〔20点〕

(1) ┌ ① (　　　　　　) としためじの服は着心地がよい。

　　 └ ② すなで足のうらが (　　　　　　) とする。

(2) ┌ ① 母のかたを (　　　　　　) とたたく。

　　 └ ② 思いきりとびらを (　　　　　　) とたたく。

┌──────────────────────────────────┐
│ トントン　　ドンドン　　ザラリ　　フワリ │
└──────────────────────────────────┘

# みんなが楽しめる新スポーツ
## 漢字の広場④
## いろいろな意味を表す漢字

**1** ──の漢字の読みがなを書きましょう。　1つ5〔90点〕

（1）仲よくなる。（　　　）

（2）司会をつとめる。（　　　）

（3）お願いする。（　　　）

（4）共通点をさがす。（　　　）

（5）試合に勝つ。（　　　）

（6）協力する。（　　　）

（7）野球の選手。（　　　）

（8）灯台の光。（　　　）

（9）言葉を選ぶ。（　　　）

（10）川原の石。（　　　）

（11）市民の声。（　　　）

（12）病院の副院長。（　　　）

（13）夫をつだう。（　　　）

（14）千円札を出す。（　　　）

（15）名札をつける。（　　　）

（16）願書を送る。（　　　）

（17）何度か試みる。（　　　）

（18）村の農夫。（　　　）

**2** ──の漢字の意味をア〜オから選んで、記号で答えましょう。　1つ2〔10点〕

（1）生育（　　　）

（2）生徒（　　　）

（3）生水（　　　）

（4）発生（　　　）

（5）生命（　　　）

ア　手を加えていない。

イ　いのち。

ウ　ことが起きる。

エ　勉強している人。

オ　うまれる。

答えは69ページ

教科書下38〜45ページ　月　日

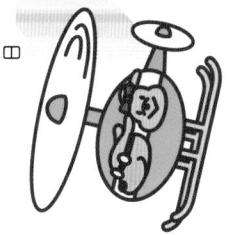

10分　/100点

# みんなが楽しめる新スポーツ
## 漢字の広場④
## いろいろな意味を表す漢字

**１** □にあてはまる漢字を書きましょう。　一つ8〔72てん〕

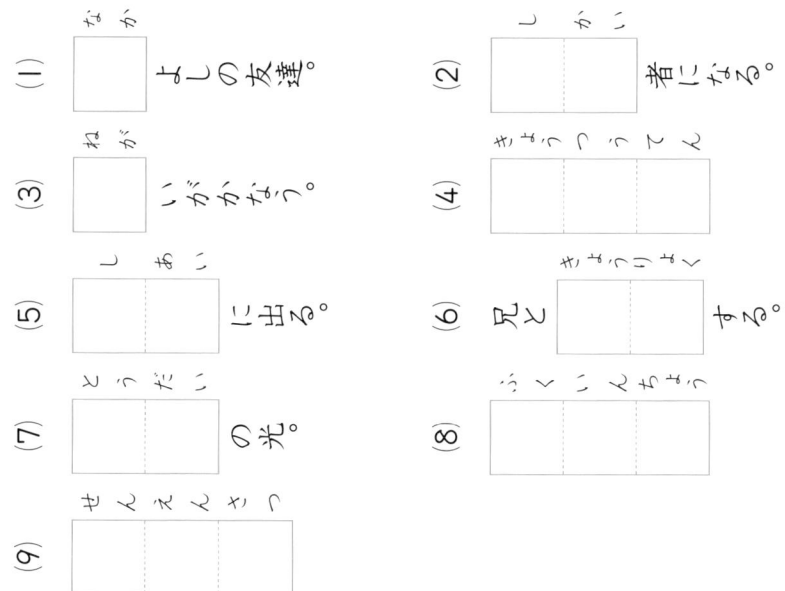

(1) 〔なか〕　□　よしの友達。

(2) 〔し　か〕　□　者になる。

(3) 〔ね　が〕　□　いがかなう。

(4) 〔きゅうこうてん〕　□□

(5) 〔し　あい〕　□　に出る。

(6) 〔きょうそう〕　兄と　□　する。

(7) 〔とうだい〕　□　の光。

(8) 〔ふくしんちょう〕　□□

(9) 〔せんえんさつ〕　□□

**２** ——の漢字の意味を下からえらんで、——で結びましょう。　一つ4〔28てん〕

(1)
① 手料理をふるまう。・　　・ア　何かをする人。
② うまい手を考えた。・　　・イ　自分で作った。
③ 妹がすきな歌手だ。・　　・ウ　方向。
④ 右手に山が見える。・　　・エ　やり方。方法。

(2)
① 古本を買う。・　　・ア　正しい。まじめの。
② 本人にたしかめる。・　　・イ　この。当の。
③ 本物のダイヤだ。・　　・ウ　図書。ほん。

## 漢字の広場④
## 三年生で学んだ漢字④

**1** ──の漢字の読みがなを書きましょう。

一つ5〔100点〕

(1) （　　　）第二回の大会。

(2) （　　　）植木を育てる。

(3) （　　　）後を追う。

(4) （　　　）国の中央にある。

(5) （　　　）必死にがんばる。

(6) （　　　）全力投球する。

(7) （　　　）ルールを守る。

(8) （　　　）赤い屋根の家。

(9) （　　　）新しい遊具。

(10) （　　　）校庭に出る。

(11) （　　　）真けん勝負。

(12) （　　　）ちり取り。

(13) （　　　）体育館に集まる。

(14) （　　　）美化委員になる。

(15) （　　　）選手が整列する。

(16) （　　　）二人の対決。

(17) （　　　）ごみを拾う。

(18) （　　　）係活動をする。

(19) （　　　）運動着をあらう。

(20) （　　　）代打で出場する。

答えは70ページ

かくにん 22

教科書 ㊦ 46ページ

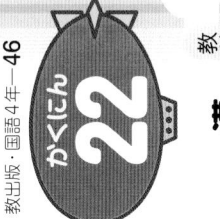

# 漢字の広場④
# 三年生で学んだ漢字④

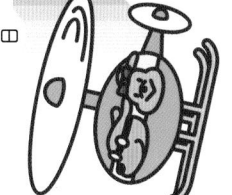

月　日

10分

／100点

**1** □にあてはまる漢字を書きましょう。　一つ5〔100点〕

(1) 道の□□（ちゅうおう）。

(2) ボールを□（お）う。

(3) 公園の□□（ゆうぐ）。

(4) ライバルとの□□（たいけつ）。

(5) ちり□（と）りを使う。

(6) □□（こうてい）の石□（ひろ）い。

(7) 家の□□（やね）。

(8) □□□（だいにかい）大会。

(9) □□（しょうぶ）がつく。

(10) □（かかり）の人に聞く。

(11) 公園の□□（うえき）。

(12) □□（だいだ）を送る。

(13) 市の□□□（たいいくかん）。

(14) ろう下に□□（せいれつ）する。

(15) □□（ひっし）に□（まも）る。

(16) 白い□□□（うんどうぎ）。

(17) □□□□（ぜんりょくとうきゅう）

(18) □□□□（びかいいん）会

# ウミガメの命をつなぐ
# 言葉の広場④
# 二つのことがらをつなぐ言葉

**1** ——の漢字の読みがなを書きましょう。　一つ6（60点）

(1) 料理の材料。
(2) 無理だと思う。
(3) 体調の管理。

(4) 仕事で成功する。
(5) 漁港に運ぶ。
(6) 一億人分の記録。

(7) 例を挙げる。
(8) 昨夜の出来事。

(9) 街灯が明るい。
(10) 徒歩で行く。

**2** 次の言葉の意味を下から選んで、——で結びましょう。　一つ5（20点）

(1) 管理・
(2) ほご・
(3) 追究・
(4) 分布・

・ア　気をつけて、きけんからかばい守ること。
・イ　学問などを深く調べて明らかにすること。
・ウ　あちこちに分かれて広がっていること。
・エ　よいじょうたいであるよう気を配ること。

**3** ——の言葉の意味をア・イから選んで、書きましょう。　一つ5（20点）

(1) 化石を見るために、博物館へ行った。（　　）
(2) かれの努力によって、研究が進んだ。（　　）
(3) ねぼうしたために、ちこくしてしまった。（　　）
(4) 大雪によって、電車は止まってしまった。（　　）

ア　原因　　　イ　目的

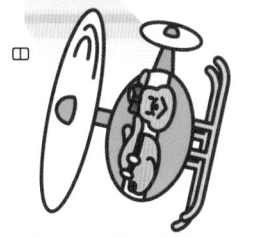

# カミツキガメの命をつなぐ
## 言葉の広場④
## 二つのことがらをつなぐ言葉

**1** □にあてはまる漢字を書きましょう。　一つ8〔80点〕

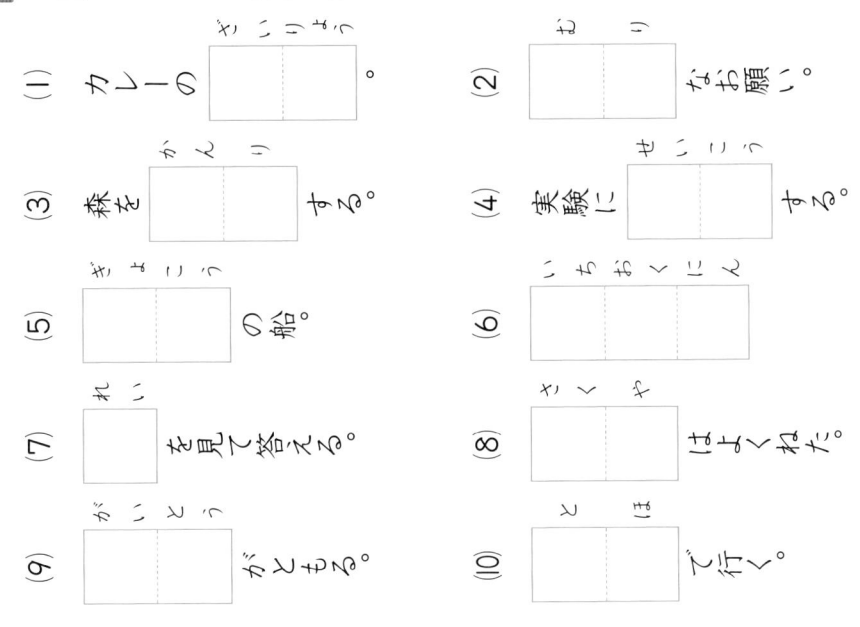

(1) カレーの（だいひょう）□□。

(2) （むり）□□なお願い。

(3) 森を（かんり）□□する。

(4) 実験に（せいこう）□□する。

(5) （たいりょう）□□の船。

(6) （いちおくにん）□□□。

(7) （れい）□を見て答える。

(8) （さくや）□□はよくねた。

(9) （ひこうき）□□□がとまる。

(10) （とほ）□□で行く。

**2** 次の文に合う言葉のほうに、○をつけましょう。　一つ5〔20点〕

(1) かぜをひいた｛ア（　）ので　イ（　）のに｝学校を休む。

(2) 練習をした。｛ア（　）しかし　イ（　）だから｝うまくいった。

(3) 外で遊ぼうか。｛ア（　）それとも　イ（　）けれども｝家で遊ぼうか。

(4) 明日は遠足だ。｛ア（　）つまり　イ（　）ただし｝雨なら中止だ。

きほん **24**

クラスの「不思議ずかん」を作ろう
言葉の文化③ 故事成語

⏱10分 /100点 月 日

**1** ──の漢字の読みがなを書きましょう。 一つ8〔72点〕

(1) 特に気をつける。 （　　　　）

(2) 漁夫の利 （　　　　）

(3) 苦労する。 （　　　　）

(4) 大器晩成 （　　　　）

(5) 不思議なこと。 （　　　　）

(6) 本を選ぶ。 （　　　　）

(7) 題材を決める。 （　　　　）

(8) 説明する。 （　　　　）

(9) 出典をしめす。 （　　　　）

**2** ──の漢字の、二通りの読みがなを書きましょう。 一つ4〔16点〕

(1) ① 写真をとる。 （　　　　）
　　② 手前に写る。 （　　　　）

(2) ① 成長する。 （　　　　）
　　② 成り立つ。 （　　　　）

**3** 下の故事成語の意味を読んで、□に入る漢字を書きましょう。 一つ4〔12点〕

(1) 漁夫の □ …二者が争っている間に列の人が苦労せずにとくをすること。

(2) 五十歩 □ 歩…にたりよったりで、大きなちがいがないこと。

(3) 他山の □ …他人のつまらない言動でも、自分をみがく助けになること。

答えは70ページ

かくにん 24

言葉の文化③
故事成語
クラスの不思議な「○○」を作ろう

/100点　10分

---

**①** □にあてはまる漢字を書きましょう。 1つ6〔36点〕

(1) 横だん　するときは、左右に注意する。

(2) 漁夫の　り。

(3) たいこ　を重ねる。

(4) たい　は晩成する。

---

**②** 次の故事成語の意味をア〜クから選んで、記号で答えましょう。 1つ8〔64点〕

(1)（　）　(3)（　）　(5)（　）　(7)（　）
(2)（　）　(4)（　）　(6)（　）　(8)（　）

(7) 蛍雪の功
(5) 背水の陣
(3) 杞憂
(1) 呉越同舟

(8) 朝令暮改
(6) 画竜点睛
(4) 登竜門
(2) ...

ア 昔、呉と楚は仲が悪かったが、同じ舟に乗り合わせた。

イ 物事の最も大切で重要な部分を仕上げること。

ウ 助けや指図する人がいなくなり、ただ一人になること。

エ 味方は多いほうがよいということ。

オ 物事の重要な部分を仕上げること。

カ 引き止める味方にも引き止められず、全力をつくし、所々にひけなくなること。

キ 成功してくらべてもよいこと。

ク 成功するぐらいなら、しなければよかったということ。

関門。

いろいろな詩
おおきな木
漢字の広場⑤　熟語のでき方

**1** ──の漢字の読みがなを書きましょう。　１つ7〔56点〕

(1) お祝いの歌。（　　　　）

(2) 清らかな流れ。（　　　　）

(3) 土地の高低。（　　　　）

(4) 祝日は休む。（　　　　）

(5) 作文の清書。（　　　　）

(6) 低い声。（　　　　）

(7) 良い関係。（　　　　）

(8) 子を養育する。（　　　　）

**2** 言葉の使い方が正しいほうに、○をつけましょう。　１つ4〔12点〕

(1) おふろ { ア（　　　）ばかり　イ（　　　）ばあがり } の子ども。

(2) 一まい { ア（　　　）きり　イ（　　　）しか } の写真。

(3) ペンキぬり { ア（　　　）たて　イ（　　　）がち } のかべ。

**3** 次の熟語は、ア・イどちらの組み合わせですか。記号で答えましょう。
　　　　　　　　　　　　　　　　　　　　　　　　　１つ4〔32点〕

(1) 道路（　　）

(2) 苦楽（　　）

(3) 内外（　　）

(4) 絵画（　　）

(5) 行進（　　）

(6) 勝負（　　）

(7) 思考（　　）

(8) 問答（　　）

ア　にた意味の漢字の組み合わせ。

イ　反対の意味の漢字の組み合わせ。

かくにん **25**

月　日　　10分　　／100点

# いろいろな詩
# おおきな木
# 漢字の広場⑤　熟語のでき方

**1**　□にあてはまる漢字を書きましょう。　1つ10〔30点〕

(1)　お[こわ]□この言葉。

(2)　[きん]□らかなごみ。

(3)　音に[いんてい]□□をつける。

**2**　〈例〉にならって、次の言葉を訓読みの言葉にしましょう。　1つ7〔28点〕

〈例〉　深海　→（深い海）

(1)　古都　——→（　　　　　　）

(2)　住所　——→（　　　　　　）

(3)　親友　——→（　　　　　　）

(4)　曲線　——→（　　　　　　）

**3**　上の漢字と反対の意味の漢字を□に書き、二字の熟語を作りましょう。　1つ7〔42点〕

(1)　多□

(2)　前□

(3)　大□

(4)　天□

(5)　強□

(6)　明□

きほん
**26**

漢字の広場⑤
三年生で学んだ漢字⑤

教科書⑦80ページ

月　　日

10分

/100点

**1** ——の漢字の読みがなを書きましょう。 一つ4〔100点〕

(1) 銀行の建物。

(2) 洋服を買う。

(3) 区役所に行く。

(4) 大豆を食べる。

(5) 仕事が終わる。

(6) 駅で乗車する。

(7) 白い軽自動車。

(8) 大きな商店。

(9) 両手で持つ。

(10) 緑茶をいれる。

(11) 速度を下げる。

(12) 開店のじゅんび。

(13) 父の好きな酒。

(14) 金庫にしまう。

(15) 湯飲みが欠ける。

(16) 車で配送する。

(17) 町の歯科医院。

(18) 機械の部品。

(19) 信号が変わる。

(20) 客が来る。

(21) 県立図書館

(22) 油を入れる。

(23) 大きな荷物。

(24) 光がふり注ぐ。

(25) 発進の合図。

答えは71ページ

かくにん 26

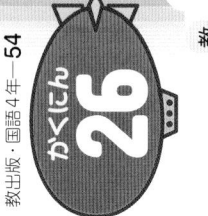

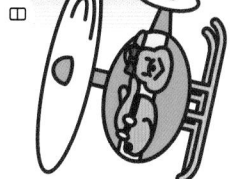

# 漢字の広場⑤

## 三年生で学んだ漢字⑤

教科書㊦80ページ

月　日

10分

／100点

**1** □にあてはまる漢字を書きましょう。

一つ5〔100点〕

(1) 走る□□（そくど）。

(2) □□（しごと）をする。

(3) □□□□（しかいいん）

(4) □□（しょうてん）の□（きゃく）。

(5) □□（にもつ）を□（も）つ。

(6) □□（ぶひん）を組み立てる。

(7) 母の□□（ゆの）み。

(8) □□（ぎんこう）のまど口。

(9) 坂道で□□（はっしん）する。

(10) 二□□（ちょうめ）の角。

(11) □□（だいず）の料理。

(12) □□（ようふく）を着る。

(13) □□□（くやくしょ）の人。

(14) □□（りょくちゃ）をいれる。

(15) □□（じょうしゃ）けんを買う。

(16) □□□□（けいじどうしゃ）

(17) 赤□□（しんごう）で止まる。

(18) ゆうびん□（きょく）

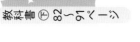

# くらしを便利にするために

**1** ——の漢字の読みがなを書きましょう。 1つ5〔40点〕

(1) 便利な道具。（　　　　）

(2) ひもを付ける。（　　　　）

(3) 改めて考える。（　　　　）

(4) 農地の改良。（　　　　）

(5) 毛が付く。（　　　　）

(6) 大差をつける。（　　　　）

(7) 投票する。（　　　　）

(8) 都部に住む。（　　　　）

**2** 〈例〉にならって、次の言葉を二つに分けて書きましょう。

両方できて1つ8〔24点〕

〈例〉 参加者 → （ 参加 ） ＋ （ 者 ）

(1) 体験談 → （　　　　） ＋ （　　　　）

(2) 歩道橋 → （　　　　） ＋ （　　　　）

(3) 何種類 → （　　　　） ＋ （　　　　）

**3** 次の熟語と反対の意味になる「不」「無」を使った熟語を書きましょう。 1つ6〔36点〕

(1) 安心 ←→ □□

(2) 便利 ←→ □□

(3) 有名 ←→ □□

(4) 幸福 ←→ □□

(5) 有利 ←→ □□

(6) 有力 ←→ □□

答えは71ページ

教科書⑦82〜91ページ

月　日

10分

／100点

# くらしを便利にするために

**1** □にあてはまる漢字を書きましょう。　1つ8〔48点〕

(1) ［くんり］な世の中。

(2) チャイムを［　］ける。

(3) ［からだ］めて伝える。

(4) ［だこん］で勝つ。

(5) ［とうひょう］に行く。

(6) ［ぐんぶ］から通う。

**2** 次の二字熟語と反対の意味になるように、二字熟語の前に「不」「未」のどちらかを書きましょう。　1つ4〔16点〕

(1) □自由

(2) □解決

(3) □完成

(4) □自然

**3** 次の言葉と反対の意味を表す言葉を書きましょう。　1つ6〔36点〕

(1) 重い ⟷ （　　　）

(2) 上り ⟷ （　　　）

(3) 停車 ⟷ （　　　）

(4) 無料 ⟷ （　　　）

(5) 原因 ⟷ （　　　）

(6) 危険 ⟷ （　　　）

「便利」をさがそう
言葉の広場⑤　点（・）を打つところ

**1** ——の漢字の読みがなを書きましょう。　一つ10〔40点〕

( 　　　　 )　　( 　　　 )　　( 　　　 )

(1) 健康に気をつける。　(2) 浅い川。　(3) 氏名を書く。

( 　　　　 )

(4) 天候が変わる。

**2** 次の文の意味がはっきりするように、それぞれに点（・）を一つ打ち、□に書き直しましょう。　一つ10〔20点〕

ここにもじを書いてください。

(1) 一か所に書くという意味。

□

(2) さらにもう一か所に書くという意味。

□

**3** 次の文はア・イのどちらの意味になりますか。それぞれ記号で答えましょう。　一つ10〔40点〕

(1) {
① 姉は笑いながら、走る弟を追いかけた。　( 　　 )
② 姉は、笑いながら走る弟を追いかけた。　( 　　 )
}
　ア　笑っているのは弟。　イ　笑っているのは姉。

(2) {
① ぼくは、山田君と田中君の家をたずねた。　( 　　 )
② ぼくは山田君と、田中君の家をたずねた。　( 　　 )
}
　ア　ぼくが二人の家をたずねた。
　イ　ぼくをふくめた二人で、田中君の家をたずねた。

答えは71ページ

教科書下94〜103ページ　　月　日　10分 /100点

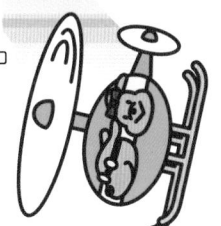

「便利」をたがやす
言葉の広場⑤　点（、）を打つところ

**1** □にあてはまる漢字を書きましょう。　一つ10〔40点〕

(1) 〔けんこう〕　な体。

(2) 〔あさ〕　プールで泳ぐ。

(3) 住所と〔しめい〕。

(4) 来年の夏の〔てんこう〕。

**2** 次の言葉の意味をア〜ウから選んで、記号で答えましょう。　一つ10〔30点〕

(1) 引用（　　）　　(2) 出典（　　）

(3) せつび（　　）

　ア　ぬき出した話や文章が書かれている、もとの本など。

　イ　話や文章の中に、他で使われている文章などを入れること。

　ウ　必要な物をそなえつけたもの。

**3** 次の文が読みやすくなるように、点（、）を一つずつ打ち、□に書き直しましょう。　一つ10〔30点〕

(1) わたしは家の近くの図書館に行きました。

(2) みかんのゼリーが三つケーキが五つあります。

(3) 雨がふったので遊びに行けなくなった。

月　日

10分
/100点

# 自分の成長をふり返って
## 言葉の文化④　雪
## 漢字の広場⑥
## 同じ読み方の漢字の使い分け

**1** ——の漢字の読みがなを書きましょう。　1つ6〔72点〕

(1) 失敗する。
(2) 好きになる。
(3) 目標を達成する。

(4) 雪が積もる。
(5) 母を手伝う。
(6) 倉庫の品物。

(7) 競争で勝つ。
(8) 熱湯を注ぐ。
(9) 熱いスープ。

(10) 家が建つ。
(11) 卒業式の日。

(12) 幸せを追求する。

**2** 漢字の使い方が正しいほうに、○をつけましょう。　1つ7〔28点〕

(1) 七時に目が ｛ ア（　　）冷める ／ イ（　　）覚める ｝。

(2) 駅前で ｛ ア（　　）以外 ／ イ（　　）意外 ｝な人に出会った。

(3) 湯飲みに ｛ ア（　　）熱い ／ イ（　　）暑い ｝湯を注ぐ。

(4) そうじで絵の具が ｛ ア（　　）付く ／ イ（　　）着く ｝。

答えは71ページ

# 自分の成長をふり返って
# 言葉の文化④　雪
# 漢字の広場⑥
# 同じ読み方の漢字の使い分け

/100点　10分

**1** □にあてはまる漢字を書きましょう。　1つ4〔36点〕

(1) 試合で □□ する。（しっぱい）

(2) □ きな教科。（す）

(3) □□ を定める。（もくひょう）

(4) はりが □ つ。（もつ）

(5) 体育館の □□ 。（そうこ）

(6) □□ を使う。（ねっとう）

(7) ビルが □ つ。（たつ）

(8) □□□□ 。（そつぎょうしき）

(9) 理想を □□ する。（じつげん）

**2** □にあてはまる、同じ読みがなの漢字を書きましょう。　1つ8〔64点〕

(1)① 重さを □ る。（はか）
　　② 時間を □ る。（はか）

(2)① 百メートル □□ 。（きょうそう）
　　② 早起きの □□ 。（きょうそう）

(3)① 車を □ す。（なお）
　　② けがを □ す。（なお）

(4)① 工場の □□ 化。（きかい）
　　② 出会いの □□ 。（きかい）

月　日

# 漢字の広場⑥
# 三年生で学んだ漢字⑥

／100点

**1** ──の漢字の読みがなを書きましょう。

一つ4〔100点〕

(1) 短い文。

(2) 反対の意味。

(3) お礼の品物。

(4) 童話を読む。

(5) 暑い夏。

(6) 落下の速度。

(7) 式を書く。

(8) 先生の助手。

(9) 君主の命令。

(10) 使者が来る。

(11) 等分する。

(12) 有名な人。

(13) 大きな悲鳴。

(14) どの様の絵。

(15) 水平に動く。

(16) 重要な研究。

(17) 薬を調合する。

(18) 幸福な人生。

(19) 外国の宮でん。

(20) 温度計を見る。

(21) 昔話の主人公。

(22) 重りをのせる。

(23) 感想を話す。

(24) 寒い国。

(25) 悲しい気分。

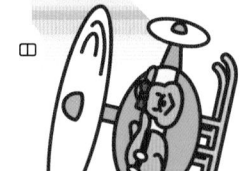

# 漢字の広場⑥
# 三年生で学んだ漢字⑥

**1** □にあてはまる漢字を書きましょう。　1つ5〔100点〕

(1) （あき）□の季節。

(2) （けんきゅう）□□を進める。

(3) 王様の（きゅう）□でん。

(4) 外国の（くんしゅ）□□。

(5) （おんどけい）□□□

(6) （はんたい）□□を向く。

(7) 読書の（かんそう）□□。

(8) （むかしばなし）□□□を読む。

(9) （さむ）□い冬。

(10) （すぐ）□□線が見える。

(11) お（れい）□を言う。

(12) （みじか）□足し算の（しき）□。

(13) （ひめい）□□をあげる。

(14) 石が（らっか）□□する。

(15) （おも）□□りをつける。

(16) （ゆうめい）□□な（どうわ）□□。

(17) 二（とうぶん）□□する。

(18) 薬の（ちょうごう）□□。

# 人形げき　木竜うるし

**1** ──の漢字の読みがなを書きましょう。 1つ8〔64点〕

(1) 川の底。（　　　　）

(2) 昨日の出来事。（　　　　）

(3) 鏡にうつる。（　　　　）

(4) 海底たんけん。（　　　　）

(5) 三面鏡を見る。（　　　　）

(6) よく働く。（　　　　）

(7) 思案する。（　　　　）

(8) 一つ残す。（　　　　）

**2** 次の漢字の部首の名前をひらがなで（　）に書き、総画数を□に数字で書きましょう。 1つ3〔18点〕

(1) 底 （　　　　）・□ 画

(2) 鏡 （　　　　）・□ 画

(3) 等 （　　　　）・□ 画

**3** ──の言葉の使い方が正しいほうに、○をつけましょう。 1つ6〔18点〕

(1) ┌ ア（　）この作文は、われながらうまく書けた。
　　└ イ（　）あの画家の絵は、われながらすばらしい。

(2) ┌ ア（　）短期間で上達したのは、うってつけ合いだ。
　　└ イ（　）何度も練習すれば上達するのは、うってつけ合いだ。

(3) ┌ ア（　）気だてがいいので、いつも元気だ。
　　└ イ（　）気だてがいいので、すすんで手伝いをする。

教科書下 116～141ページ

月　日

10分 /100点

# 人形げき　木竜うるし

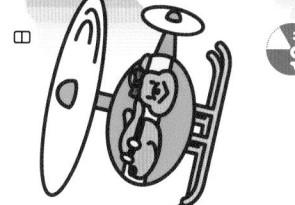

**1** □にあてはまる漢字を書きましょう。 一つ10〔30点〕

(1) 海の□にもぐる。（そこ）

(2) □□は雨だった。（きのう）

(3) 店の大きな□。（かがみ）

**2** ——の言葉の頭につけて意味をそえる言葉を、□から選んで書きましょう。 一つ10〔30点〕

(1) 暗くなる前に着いて（　　　）安心だ。

(2) おじいさんは、孫に会えたので（　　　）きげんだ。

(3) ほしいものが手に入って、弟は（　　　）よろこびだ。

> 大　ひと　ま

**3** （　）にあてはまる言葉をア～エから選んで、記号で答えましょう。 一つ10〔40点〕

(1) 病気の兄のことが（　）にかかる。

(2) やっと（　）が開けてきたようだ。

(3) 大雨にふられて、えらい（　）にあった。

(4) 犬にほえられて、（　）をぬかす。

ア め　イ 運　ウ 気　エ こし

# 知 identification（解答）

## 1 （3・4ページ）

**①**
(1)しんぞう (2)はじ (3)そくたつ
(4)か (5)したが (6)はつゆき
(7)くんしょう

**②**
(1)ウ (2)ア (3)オ (4)イ (5)エ

**③**
(1)イ (2)エ (3)ア (4)ウ

★★★

**①**
(1)信号 (2)初 (3)速達 (4)変

**②**
(1)ア (2)ウ (3)イ

**③**
(1)た て (2)は た

## 2 （5・6ページ）

**①**
(1)てんこうせい (2)な (3)から
(4)かお (5)もと (6)さいこ
(7)にゅうばい

**②**
(1)①ダ ②リ
(2)①はし ②きゅう

**③**
(1)エ (2)ウ (3)カ (4)イ (5)ア
(6)オ

★★★

**①**
(1)運転席 (2)菜 (3)笑 (4)香
(5)梅 (6)野菜

**②**
(1)暑い (2)曲がる (3)開ける
(4)細い

**③**
(1)イ (2)ウ (3)エ (4)ア

## 3 （7・8ページ）

**①**
(1)まわ (2)じゅんばん
(3)かけこ (4)めじるし
(5)かいすいよく (6)かにゅう
(7)どりょく (8)め (9)かんそう
(10)ふ (11)えいかいわ (12)つと

**②**
(1)ウ (2)ア (3)イ

**③**
(1)にくぐく・イ
(2)くやかんおり・ア

★★★

**①**
(1)周 (2)順番 (3)目印 (4)海水浴
(5)努力 (6)芽 (7)完夫 (8)英会話

**②**
(1)いくぐく・①語 ②調
(2)ちから・①加 ②助
(3)だけかんおり・①筆 ②算
(4)こころ・①悲 ②感

## 4 （9・10ページ）

**①**
(1)きんぎょ (2)はつうゆう (3)まご
(4)しょう (5)ふか (6)だびと
(7)ひつじ (8)はだけ (9)てんちゅう
(10)ま (11)せきたん (12)のうきょう
(13)てつきょう (14)きか (15)みなな
(16)みずうみ (17)じんじゃ
(18)じゅうしょ (19)おさ (20)かね
(21)だいどう (22)えき (23)なみ
(24)どりん (25)せんろ

教出版・国語４年—66

## ★★★

**1**
(1)島・港 (2)放流 (3)実・葉
(4)農業 (5)駅・旅人 (6)岸・向
(7)神社・祭 (8)太陽 (9)汽笛
(10)電柱 (11)深・湖 (12)線路 (13)消
(14)坂・畑 (15)鉄橋 (16)住所 (17)羊
(18)石炭

## 5　11・12ページ

**1**
(1)はか (2)ほうほう (3)きろく
(4)やく (5)じっけん (6)かんさつ
(7)しゅるい (8)べつ (9)ねん
(10)たんい (11)しょうめい

**2**
(1)使う (2)放す (3)代わり

**3**
(1)こうせいに (2)たちまち
(3)じょじょ

### ★★★

**1**
(1)量 (2)最後 (3)約 (4)観察
(5)種類 (6)列・方法 (7)念

**2**
(1)イ (2)ウ (3)ア

**3**
エ

## 6　13・14ページ

**1**
(1)しぜん (2)さんぎょう
(3)げい (4)じてん (5)じ (6)な
(7)おくん (8)ちょっけい
(9)ぜんちょう (10)かじん

**2**
(1)486 (2)487 (3)488 (4)483

### ★★★

**1**
(1)自然 (2)産業 (3)芸 (4)辞典
(5)治 (6)音訓 (7)直径 (8)前兆

**2**
(1)イ (2)イ

**3**
(1)イ (2)ウ (3)ア

## 7　15・16ページ

**1**
(1)じょうかまち (2)ならく
(3)えんでん (4)きせい
(5)さっしん(さっしん) (6)さんじん
(7)りょうやく (8)まご (9)あい
(10)ひつよう (11)ともだち (12)しお

**2**
(1)①おり ②なお
(2)①はぶ ②しょう

**3**
(1)りっしんべん・十四
(2)おおがい・十一
(3)うかんむり・十二

### ★★★

**1**
(1)城下町 (2)奈落 (3)塩田
(4)帰省 (5)刷新 (6)良薬 (7)孫
(8)愛 (9)必要 (10)省

**2**
(1)かじょう書き (2)記号
(3)大事なところ

## 8　17・18ページ

**1**
(1)つた (2)がいこ (3)ゆうがい
(4)きが (5)お (6)せつめい
(7)じさん (8)じべつ (9)つせ
(10)まい

**2**
(1)晴れるそうです
(2)もしかしたらそうです

**3**
ウ→エ→ア→イ

### ★★★

**1**
(1)伝 (2)有害 (3)折 (4)説明
(5)持参

**2**
(1)①課 ②科
(2)①機械 ②機会

**3**
(1)駅です (2)なります
(3)ふみます

1
(1)こうぶつ　(2)ふうけい　(3)けしき
(4)うみべ　(5)いじょう
(6)しゅくん　(7)あた　(8)せん
(9)はじ　(10)じゅん
2 (1)ウ　(2)エ　(3)イ　(4)ア
3 (順に)五・五・七・七・三十一
★★★
1 (1)衣服　(2)風景　(3)景色　(4)海辺
(5)以上
2 (1)①(一)写　②写真
(2)①悲鳴　②悲
3 (1)ア　(2)ア　(3)イ　(4)ア

1 (1)はん　(2)あん　(3)じどう
(4)かもつ　(5)みまん　(6)めいれい
(7)れいせい　(8)かん　(9)やくそく
(10)かくち　(11)めし　(12)み　(13)しず
(14)はなだ
2 (1)つめ　(2)ひ　(3)さ
3 (1)方　(2)里　(3)化　(4)寺　(5)反
(6)黄
★★★
1 (1)飯　(2)案　(3)児童　(4)貨物
(5)未満　(6)命令　(7)冷静　(8)官
(9)約束　(10)各地
2 (1)完　(2)草　(3)油　(4)週　(5)洋
(6)頭

1 (1)どうろ・けん　(2)みやぎ
(3)いばらき　(4)とちぎ　(5)ぐんま
(6)さいたま　(7)かながわ
(8)にいがた　(9)とやま　(10)ふくい
(11)やまなし　(12)ぎふ　(13)しずおか
2 (1)①む　②むら
(2)①ぶ　②とみ
3 (1)9　(2)11　(3)15　(4)8
★★★
1 (1)宮城　(2)茨城　(3)栃木　(4)群馬
(5)埼玉　(6)神奈川　(7)新潟　(8)富山
(9)福井　(10)山梨　(11)岐阜　(12)静岡
2 秋田県・北海道(順不同)

1 (1)しが　(2)おおさか(ふ)
(3)ひょうご　(4)なら　(5)とっとり
(6)とくしま　(7)えひめ　(8)さが
(9)ながさき　(10)くまもと
(11)おおいた　(12)かごしま
(13)おきなわ
2 (1)ぎょうにんべん・7
(2)おおがい・12
(3)れんが(れっか)・14
(4)さんずい・7
★★★
1 (1)滋賀　(2)大阪府　(3)兵庫
(4)奈良　(5)鳥取　(6)徳島　(7)愛媛
(8)佐賀　(9)長崎　(10)熊本　(11)大分
(12)鹿児島　(13)沖縄
2 例　徳島県は「あおおどり」で
有名だ。(自由解答。都道府県名が
漢字で書かれていて、主語と述語の
関係などがまちがっていなければ正
解とする。)

## 13　27・28ページ

1　(1)びょうにん　(2)りょうにん
(3)ゆび　(4)にがみ　(5)きゅうしゃ
(6)あんしん　(7)かぞく　(8)にか
(9)このち　(10)そうだん
(11)まちあいしつ　(12)しんだい
(13)におい　(14)うてんしゅ　(15)う
(16)ぐあい　(17)よこ　(18)すくえ
(19)ししゅう　(20)めんか　(21)こしゃ
(22)はな　(23)くすり　(24)わる
(25)もう

★ ★ ★

1 (1)具合　(2)皿　(3)水泳・息　(4)横
(5)家族　(6)相談　(7)苦味・薬　(8)次
(9)運転手　(10)鼻血　(11)待合室　(12)命
(13)急車　(14)二階　(15)詩集　(16)身体
(17)病院　(18)医者

## 14　29・30ページ

1 (1)すえ　(2)けつまつ　(3)お
(4)のこ　(5)しつれい　(6)か　(7)むす
(8)はじ　(9)かんせつ　(10)つしな
(11)まい

2 (1)イ　(2)ウ　(3)ア　(4)エ

3 (1)エ　(2)ア　(3)イ　(4)ウ

★ ★ ★

1 (1)未　(2)結末　(3)置　(4)残
(5)失礼　(6)借

2 (1)変わる　(2)整える　(3)辺り
(4)参り　(5)始まる

3 (1)ウ　(2)エ　(3)ア　(4)オ　(5)イ

## 15　31・32ページ

1 (1)きせつ　(2)かてき
(3)きゅうしょく　(4)えいよう
(5)うし　(6)まと

2 (1)姉の声はまるでうぐいすのように美しい。
(2)母の手はまるで氷のように冷たい。

3 (1)エ　(2)ウ　(3)イ　(4)ア

★ ★ ★

1 (1)季節　(2)果的　(3)給食　(4)栄養

2 配

3 (1)周り　(2)果たす　(3)栄える
(4)養う

4 イ→エ→ウ→ア

## 16　33・34ページ

1 (1)お　(2)かた　(3)はたら
(4)きぼう　(5)となえ　(6)お　(7)ほ
(8)き　(9)うごん　(10)いでい
(11)じう　(12)のぞ　(13)がっしょう
(14)きまじゅ

2 (1)なお　(2)おさ　(3)じ　(4)ち

3 (1)①ま　②み　③ん
(2)①み　②も　③ん

★ ★ ★

1 (1)老　(2)固　(3)働　(4)希望　(5)唱
(6)挙　(7)覚　(8)覚

2 (1)照らします　(2)飲まない
(3)終わった　(4)着ました

## 17　35・36ページ

① (1)こけん (2)ぶんぱい
(3)くんきょう (4)しょうわ (5)お
(6)しゅくだい (7)かんじ
(8)としん (9)あんしょう (10)はじ
(11)よていひょう (12)いっぱん
(13)きもち (14)はこ (15)せかいちず
(16)とし (17)くじ (18)さんびょう
(19)たきょうか (20)きゅうしゅう
(21)と (22)きりつ (23)きかん
(24)りゆう (25)がくきゅう

★★★
① (1)筆箱 (2)練習帳 (3)文章
(4)世界地図 (5)昭和 (6)写真
(7)宿題 (8)他教科 (9)期間
(10)倍・秒 (11)返事 (12)始・終
(13)勉強 (14)予定表 (15)起立 (16)意見
(17)暗唱 (18)黒板

## 18　37・38ページ

① (1)せんそう (2)ひこうき (3)こ
(4)や (5)ほうたい (6)な (7)こい
(8)へか (9)くんたい (10)こちりん
(11)いっ (12)はた (13)きし
(14)ほくしょう (15)ゆうき (16)わな
② (1)どうどう (2)がこ (3)まるで
(4)こうたい

★★★
① (1)戦争 (2)飛行機 (3)焼
(4)包帯 (5)泣 (6)兵隊 (7)一輪 (8)旗
② (1)部屋(は) (2)からだ・ける
③ (1)よごれた・よれこに
(2)おもしろい・ケーキを

## 19　39・40ページ

① (1)ふしぎ (2)はくぶつかん (3)か
(4)うちゅう (5)しゅけ
② (1)①つか ②し
(2)①し ②みず・か
③ (1)イ (2)ウ (3)ア
④ (1)イ (2)エ (3)ウ (4)ア

★★★
① (1)不思議 (2)博物館 (3)欠
② (1)始・初 (2)上・場 (3)早・速
(4)回・会
③ (1)ウ (2)エ (3)ア (4)イ

## 20　41・42ページ

① (1)ち (2)ここ (3)まこ (4)わ
(5)す (6)かんれん (7)きろく (8)ち
(9)じょうりく (10)...
(11)かんきょく
② (1)持ち上げる (2)とび出す
(3)むしり取る
③ (1)イ (2)ウ

★★★
① (1)散 (2)続 (3)巣 (4)関連
(5)記録 (6)料理 (7)上陸 (8)南極
② (1)①キバラリ ②キバラリ
(2)①ナ、ハ、ハ ②ト、ハ、ト

## 21　43・44ページ

① (1)なか (2)しかこ (3)ねが
(4)きばうつこく (5)しあら
(6)きばうつく (7)せんしゅ
(8)とうだい (9)える (10)かわら

(6)暗

## 26　53・54ページ

**1** (1)きんじょ (2)ようふく
(3)くやくしょ (4)だいず (5)じどう
(6)じもうちゃ (7)けいじどうしゃ
(8)じょうしゃ (9)もち (10)りょくちゃ
(11)そうこ (12)がくせい (13)さけ
(14)きんし (15)ゆの (16)はっこう
(17)しがいせん (18)ぶひん
(19)しんごう (20)きんぞく (21)けいりょう
(22)あぶら (23)にもつ (24)そそ
(25)はっしん

★★★

**1** (1)速度 (2)仕事 (3)歯科医院
(4)商店・客 (5)荷物・持 (6)部品
(7)湯飲 (8)銀行 (9)発進 (10)丁目
(11)大豆 (12)洋服 (13)区役所 (14)緑茶
(15)乗車 (16)軽自動車 (17)信号 (18)号令

## 27　55・56ページ

**1** (1)くふう (2)つ (3)あらた
(4)かいりょう (5)つ (6)だいさ
(7)とうひょう (8)ぐんぶ

**2** (1)体験・談 (2)歩道・橋
(3)何・種類

**3** (1)不安 (2)不便 (3)無名 (4)不幸
(5)不利 (6)無力

★★★

**1** (1)便利 (2)付 (3)改 (4)大差
(5)投票 (6)郡部

**2** (1)不 (2)未 (3)未 (4)不

**3** (1)軽い (2)下り (3)発車 (4)有料

## 28　57・58ページ

**1** (1)けんこう (2)あさ (3)しめい
(4)てんこう

**2** (1)いいじもじを書いてください。
(2)いいじもじを書いてください。

**3** (1)①イ ②ア (2)①ア ②イ

★★★

**1** (1)健康 (2)浅 (3)氏名 (4)天候

**2** (1)イ (2)ア (3)ウ

**3** (1)わたしは、家の近くの図書館に
行きました。
(2)みかんのゼリーが三つ、ケーキが
五つあります。
(3)雨がふったので、遊びに行けなく
なった。

## 29　59・60ページ

**1** (1)しっぱい (2)す (3)もくひょう
(4)つ (5)てきだ (6)そうこ
(7)きょうそう (8)ねっとう (9)あつ
(10)た (11)そつぎょうしき
(12)ついきゅう

**2** (1)イ (2)イ (3)ア (4)ア

★★★

**1** (1)失敗 (2)好 (3)目標 (4)積
(5)倉庫 (6)熱湯 (7)建 (8)卒業式
(9)追求

**2** (1)①量 ②計 (2)①競走 ②競争
(3)①直 ②治 (4)①機械 ②機会

## 31

**❸** (1)ウ (2)イ (3)ア (4)エ

**❷** (1)ひ (2)と

**❶** (1)底 (2)昨日 (3)大鏡

★ ★ ★

**❸** (1)ア (2)イ (3)イ
12
(2)かんたん (3)だけ
19・8

**❶**
(8)いっぱい (7)こてい (6)あらわ (5)きのう (4)にし (3)の (2)きめ (1)たい

63・64ページ

## 30

**❶** (1)暑い (2)研究 (3)宮 (4)君 (5)温度 (6)反対 (7)感想 (8)主 (9)計 (10)水平 (11)礼 (12)短 (13)鳴 (14)落 (15)短 (16)悲鳴 (17)等分 (18)調合

有名・童話・昔話式・昔話

★ ★ ★

**❶**

(25)かも (23)かん (24)せつ (22)おんこう (20)じ (18)けん (16)じ (13)れい (10)て (7)わ (1)みな
(21)さいわ (19)へいき (17)あいて (15)しゅ (14)ねが (12)りんかん (11)おさ (9)いさ (8)きり (6)はんたい (5)しゅ (4)たん (3)れい (2)はし

61・62ページ